HISTOIRE
DU DÉBUT
D'ALEXANDRE DUMAS FILS
AU THÉATRE
OU
LES TRIBULATIONS
DE LA DAME AUX CAMÉLIAS

DÉDIÉE AUX JEUNES

Clichy, impr. Paul DUPONT et Cie, rue du Bac-d'Asnières, 12.

HENRI DE LAPOMMERAYE

HISTOIRE DU DÉBUT
D'ALEX. DUMAS FILS
AU THÉATRE

OU LES TRIBULATIONS DE

LA DAME AUX CAMÉLIAS

PARIS
MICHEL LÉVY FRÈRES, ÉDITEURS
RUE AUBER, 3, PLACE DE L'OPÉRA

LIBRAIRIE NOUVELLE
BOULEVARD DES ITALIENS, 15, AU COIN DE LA RUE DE GRAMMONT

MDCCCLXXIII

HISTOIRE
DU DÉBUT
D'ALEXANDRE DUMAS FILS
AU THÉATRE

OU

LES TRIBULATIONS
DE LA DAME AUX CAMÉLIAS

PAR

HENRI DE LAPOMMERAYE

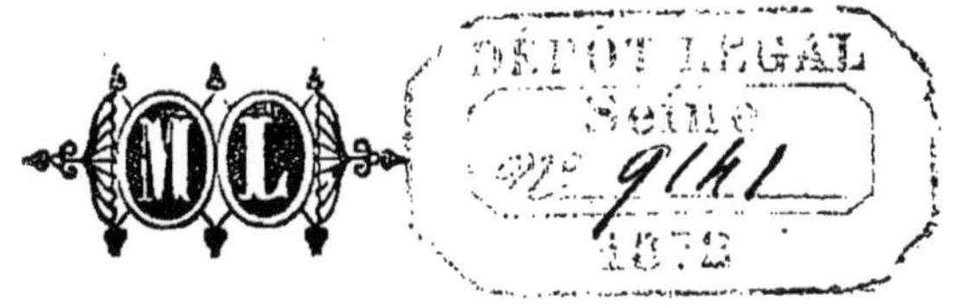

PARIS
MICHEL LÉVY FRÈRES, ÉDITEURS
RUE AUBER, 3, PLACE DE L'OPÉRA

LIBRAIRIE NOUVELLE
BOULEVARD DES ITALIENS, 15, AU COIN DE LA RUE DE GRAMMONT

1873

HISTOIRE
DU DÉBUT
D'ALEXANDRE DUMAS FILS
AU THÉATRE
OU
LES TRIBULATIONS
DE LA DAME AUX CAMÉLIAS

S'appeler Alexandre Dumas;

Être le fils d'un romancier célèbre exploitant un grand théâtre de Paris;

Être déjà connu par des œuvres remarquées et par un livre aussi beau que ce roman à sensation qu'on appelle *la Dame aux Camélias*;

Avoir vingt-cinq ans, une santé de fer, l'esprit

hardi, bien équilibré et pas trop de misère à supporter;

Vivre familièrement avec les hommes de lettres, les comédiens, les actrices, tutoyer les maitres et les directeurs des diverses scènes de la capitale :

Ne sont-ce pas là des conditions privilégiées pour arriver — le talent existant — à aborder facilement le théâtre, et à ne pas subir les épreuves réservées à tous ceux qui s'engagent dans la carrière dramatique?

Il n'y a pas un seul débutant qui ne s'accommoderait de ces chances de succès, et, si un bon génie donnait à un mortel le libre choix des éléments de réussite, ce mortel ne demanderait, à coup sûr, pas plus que ce que le sort avait imparti à Dumas fils.

Et pourtant elle est longue, curieuse, mouvementée et pénible, l'odyssée, à travers les théâtres, de cette première pièce de Dumas fils, reprise le 23 novembre 1872 au Gymnase. Je vais conter tout entière l'histoire de ce début, car elle ajoutera un chapitre de plus à ce poëme épico-tragique des tribulations des jeunes ; les détails *authentiques* de cette lutte du commençant d'alors, devenu le maître d'aujourd'hui, constitueront un document précieux pour l'enquête ouverte sur la production dramatique dans notre siècle, soi-disant admirateur enthousiaste et protecteur généreux du mérite.

La narration peut se diviser en quatre parties.

PREMIÈRE PARTIE

L'ENFANTEMENT

Ce fut en 1847 que parut le roman de *la Dame aux Camélias*, et le public parisien accueillit l'ouvrage nouveau avec autant d'enthousiasme que le comportait l'époque. — On n'était pas encore à l'heure où les livres devaient se vendre à soixante mille exemplaires comme *l'Homme-Femme*. —

Un soir de cette année 1847, Dumas fils rencontra, au théâtre des Variétés, Siraudin, l'un des auteurs... futurs... de *la Revue n'est pas au coin du quai;* et l'aimable vaudevilliste lui dit : « Pourquoi donc ne tirez-vous pas un drame de votre roman ? Vous avez là, mon cher, un terrain fécond qu'il ne faut pas laisser inexploité. »

Cette parole germa dans le cerveau du jeune homme, et, le lendemain, en fils respectueux du talent paternel, il allait répéter à son père l'apostrophe de la veille.

A cette époque, il faut bien le dire, Dumas n'avait pas encore compris qu'*Alexandre* était son *meilleur ouvrage*. Il n'avait pas, non plus, apprécié à sa juste valeur la *Manon Lescaut* du dix-neuvième siècle. Aussi répondit-il que Siraudin se trompait et qu'il n'y avait pas l'étoffe de cinq actes dans le livre. Le fils n'avait qu'à s'incliner devant l'arrêt du père, d'autant plus que ce père était alors directeur de théâtre; et son esprit songea à d'autres travaux.

Le hasard devait le ramener à la première idée de Siraudin.

A quelque temps de là, en effet, Dumas fils rencontra, sur le boulevard, Antony Béraud.

— Ma petite vieille, s'écria l'antique dramaturge,

faut mettre ta *Dame* en pièce; je n'ai pas lu la *machine*, mais ça a trop de vogue pour qu'on n'en extirpe pas quatre actes en faveur de l'Ambigu avec un rude prologue! Veux-tu venir dîner chez moi dimanche? j'aurai lu ton livre et nous en jaserons.

—

Le dimanche suivant, on dîna, on causa beaucoup de tout, mais pas de Marguerite Gautier, et, l'heure du coucher étant arrivée, on fixa un nouveau rendez-vous pour le dimanche d'après.

Ce jour-là, Béraud avait non-seulement pris connaissance du livre, mais déjà esquissé un prologue dans le ton *du plus pur boulevard du crime*. Dumas fils ne voyait pas de même; il fut déconcerté et se résigna à autoriser Antony Béraud à écrire le drame tout seul, en le laissant libre de faire ce qu'il voudrait.

Au bout de plusieurs mois, Béraud lisait à Alexandre un *scenario* taillé sur le patron des mélodrames de Pixérécourt. Le premier tableau se déroulait aux eaux de Bagnères-de-Luchon; le deuxième chez Armand ; le troisième chez Nichette, et le reste à l'avenant. Il y avait même un domestique amoureux de sa maîtresse, une sorte de Caleb du demi-monde.

Vous voyez la couleur ! Dumas fut alors piqué au jeu, et, puisque personne ne comprenait ce qu'il rêvait, il résolut de se mettre à l'œuvre pour voir si son inexpérience théâtrale ne réussirait pas mieux que la routine du vétéran.

Il habitait à Neuilly une petite maison, en partie démolie actuellement par les boulets de la guerre civile ; il s'enferma pendant huit jours, et, la semaine écoulée, sortit de sa retraite avec le manuscrit de *la Dame aux Camélias* telle qu'elle fut représentée depuis. Dumas fils n'avait pas même pris le temps d'acheter du papier, et avait écrit sur des chiffons grands et petits, carrés ou ovales, ramassés dans tous les coins de la maison. Le deuxième acte avait été fait le mardi, de midi à quatre heures.

Le dernier mot tracé, Alexandre courut avenue Frochot, chez son père, et, non sans quelque émotion, il lui annonça qu'il avait, malgré son avis, dialogué l'histoire de Marguerite Gautier ; il ajoutait pour s'excuser : « qu'après tout, il valait mieux avoir passé son temps à ça, qu'à fumer des cigares en rêvant à... rien.»

Dumas se résigna à avaler cette erreur filiale.

Après le premier acte, qu'il avait entendu sans souffler mot, il lâcha deux *très-bien! très-bien!*

Après le deuxième acte, *il y alla de sa larme.*

Une lettre pressante apportée de Neuilly à l'avenue Frochot força le lecteur à suspendre sa lecture et à sortir ; on convint qu'elle serait reprise dans une heure.

A son retour, Dumas fils trouva son père le visage baigné de larmes.

L'auteur des *Mousquetaires* n'avait pas attendu

pour achever le manuscrit, et, avec son expansion habituelle, il se jeta au cou de l'auteur de *la Dame aux Camélias*, en s'écriant :

« Cher enfant, je me suis trompé ; je reçois ton drame sur-le-champ : Isabelle Constant jouera le rôle de Marguerite; quant à Béraud, j'arrangerai l'affaire avec lui. »

Dumas fils avait donc franchi la première série d'obstacles, ceux qui s'opposaient à la conception de l'œuvre; restaient ceux qui allaient en empêcher la représentation pendant quatre années !

C'est le deuxième acte de la petite pièce que je conte, à côté de la grande que vous connaissez et qui restera l'un des chefs-d'œuvre du drame moderne.

DEUXIÈME PARTIE

FAILLITE ET REFUS

Le premier incident de cette phase de *la Dame aux Camélias*, incident qui devait se reproduire trop souvent, fut la faillite du Théâtre-Historique.

M. D'Ennery, qui songea un instant à succéder à Dumas père dans l'exploitation de cette salle, n'osa pas se risquer, et le jeune Alexandre dut remporter sa pièce, qui gisait dans les cartons abandonnés du cabinet directorial.

A la Gaîté, Marguerite Gautier se fit fermer la porte au nez.

Au Gymnase, *Manon Lescaut* allait paraître

devant la rampe, et il n'y avait pas possibilité d'admettre les deux courtisanes dans la même maison.

A l'Ambigu, même accueil qu'à la Gaîté.

Au Vaudeville, le directeur reçoit l'œuvre, mais tombe en déconfiture. Pas de veine !

Ah! ma foi! puisqu'il était lancé, Dumas fils jura d'aller jusqu'au bout. Il imagina de faire patronner la pièce par des actrices que le rôle de Marguerite séduirait.

Il s'adressa d'abord à Mlle Page, puis à Mlle Rachel. Un malentendu empêcha la première de procurer de magnifiques recettes aux Variétés dont elle était alors pensionnaire. La seconde, aussi fantasque dans la vie privée que sublime au théâtre, manqua de parole le soir fixé pour la lecture, et, comme la camériste eut la maladresse de révéler que sa maîtresse était allée jouer au loto chez Mlle Zélie H., Dumas ne renouvela pas sa démarche.

Savez-vous alors à qui le jeune auteur s'adressa en désespoir de cause?

A Déjazet ! La spirituelle actrice ne se trompa point sur la valeur de la pièce. Son enthousiasme fut spontané et sincère; mais avec sa finesse naturelle, elle comprit que l'œuvre ne pouvait être interprétée par elle qu'au prix de modifications, d'adaptations, de retouches qui enlèveraient au drame son cachet particulier, et peut-être ses plus puissants éléments de succès. Il eût fallu, par exemple, transporter l'action au dix-huitième siècle, afin que Déjazet gardât cette poudre et ces costumes que le public aimait tant à lui voir; et puis, les spectateurs consentiraient-ils à assister sérieusement à l'agonie de l'entraînante et joyeuse Frétillon? Déjazet avait raison : Dumas échappa ainsi à une *Traviata* anticipée, et peut-être à une déconvenue.

Il fut toutefois encouragé par l'accueil de la prophétesse de bonheur qui devait sauver également

M. Sardou des bas-fonds de *la Taverne des Etudiants*, et il continua cette course interminable pour arriver au placement du fameux manuscrit.

Or, songez que c'est le fils d'une de nos gloires littéraires qui va ainsi heurter vainement à tant de portes !

Dumas retourna donc au Vaudeville, où la réception de Paul Ernest [1] lui créait un précédent, et le jour où il vint chercher la réponse, la concierge lui tint ce langage : « C'est vous qui êtes M. Dumas fils ; on m'a dit de vous remettre ça, et de vous répondre *que ça ne peut pas se jouer.* » Et la brave dame lui tendit un paquet graisseux, dont la couverture était parsemée de taches d'huile : c'était le manuscrit de *la Dame aux Camélias !*

Jeunes auteurs, oyez et ne vous désespérez pas !

Toutefois, Dumas était, pour le coup, à bout d'énergie, et il allait peut-être renoncer pour toujours

[1] Alors directeur du Vaudeville.

à l'espoir de devenir auteur dramatique, quand un soir, passant devant le café de la Porte-Saint-Martin, il fut appelé par Bouffé qui lui dit : « Hippolyte Worms m'a parlé avec amour de *la Dame aux Camélias* : voulez-vous me promettre de me la réserver ? Avant six mois, je dirigerai le Vaudeville et je vous jouerai. » Alexandre donna sa parole, et attendit patiemment la réalisation de cette suprême chance de salut.

TROISIÈME PARTIE

COULISSES ET CENSURE

Bouffé devint, en effet, directeur du Vaudeville et, fidèle à ses engagements, il résolut de monter sur le champ *la Dame aux Camélias*. La lecture faite par l'auteur devant les artistes, fut, ce que l'argot appelle énergiquement, *un four* complet. Sauf René Luguet et Hippolyte Worms, les comédiens et comédiennes sortirent avec une figure qui ne portait aucune trace de cette satisfaction que les œuvres de Dumas fils développent maintenant dans l'esprit des pensionnaires du Gymnase.

Les répétitions se ressentirent de cette impression : on y fut terne, maussade, et Mlle Fargueil, à qui le rôle de Marguerite avait été distribué tout d'abord, le rendit à la suite d'une petite pique née entre l'auteur et la remarquable artiste à propos de la phrase très-reproduite : « Ça se passe dans un monde que je ne connais pas, » phrase qui a été, à tort, mise sur le compte de Mme Doche.

Ce fut, en effet, seulement après cet incident que Mme Doche apparut. On songea à elle, et comme elle était alors à se reposer en Angleterre, goûtant les délices d'une existence *confortable*, Fechter partit pour Londres afin d'*embaucher*, s'il y avait moyen, sa piquante camarade.

Il faut rendre à Mme Doche une justice méritée, et constater qu'elle n'hésita pas ; elle comprit avec intelligence qu'il y avait là pour elle une de ces créations auxquelles le nom d'une comédienne reste éternellement attaché ; elle renonça au *far niente*, fit ses malles et accourut à la place de la Bourse.

Voilà donc le jeune auteur dramatique près d'entendre sonner l'heure tant attendue de la représentation ! — Point du tout ! — Le troisième acte se corse, et Madame l'*Administration* entre en scène.

L'histoire de l'interdiction de *la Dame aux Camélias* a été racontée par Dumas fils dans la préface de sa pièce : il serait donc oiseux d'en répéter le récit qui se résume en ceci :

Depuis 1849 jusqu'à la fin de 1851, la pièce ne put être jouée, malgré les efforts de M. de Morny, de M. de Montguyon, de M. de Persigny; elle ne fut rendue qu'en décembre 1851, lorsque le coup d'État porta M. de Morny au ministère de l'intérieur. Le ministre eut le bon goût et le courage de continuer à penser comme l'ami de M. de Montguyon.

Il est toutefois une particularité à noter, c'est que la censure croyait rendre un véritable service à Dumas fils en arrêtant son œuvre. L'un des censeurs, — un très-galant homme d'ailleurs — *errare humanum est*, — répondait à M. Latour-Dumoulin qui cherchait à l'attendrir : « Mon cher, à quoi servirait l'autorisation ? la pièce n'irait pas au second acte ! Vraiment, il ne faut pas que le fils du grand Dumas reçoive en public un pareil camouflet. » Et Dumas, pour toute réplique, avec l'aplomb de ses vingt-cinq ans, promit au censeur de le faire souper *après le cinquième acte*, quand le veto serait levé.

QUATRIÈME PARTIE

LA REPRÉSENTATION

Dès le 6 décembre 1851, sur l'autorisation de M. de Morny, le Vaudeville reçut le manuscrit de la censure, et l'on se remit au travail, mais assez mollement. On ne comptait pas trop sur le drame, et l'on ne comptait pas du tout avec l'auteur. Quand Dumas fils risquait une observation, on le regardait avec cet air qui semble dire : « Pauvre jeune homme qui se croit aussi habile que nous ! » Et après l'avoir écouté pour la forme, on n'exécutait point ce qu'il indiquait. C'est ainsi, par exemple, qu'à la répétition générale, Dumas demanda à Fechter de jeter par terre Marguerite Gautier, dans la fameuse scène du bal, au quatrième acte, et de lever les mains sur elle comme pour la frapper.

« On ne bat pas une femme au théâtre, » répliqua Fechter. Et comme l'auteur insistait : « Après tout, ajoutait l'acteur, la question n' a pas besoin d'être débattue ; le public ne nous laissera pas, le jour de la première, aller jusqu'à cette scène. »

Ainsi toujours ces prédictions sinistres, décourageantes ! Ah ! il faut du caractère et du tempérament pour être auteur dramatique !

Enfin, le 2 février 1852, Dumas fils fut payé de toutes ses attentes et de toutes ses peines par un succès éclatant ! Fechter et Doche furent splendides. Au quatrième acte, Armand Duval se souvint de l'observation de Dumas, et sans que le jeu de scène eût été *réglé* d'avance, il jeta Marguerite à terre et leva la main sur elle. Son geste fit frémir toute la salle, qui applaudit avec frénésie : l'acteur échauffé par ces bravos, excité par la situation, se précipita vers la porte du fond (d'où il doit rappeler les invités), et courut avec une telle violence, qu'il renversa un candélabre : ce désordre qu'on croyait être un effet de l'art et non un accident imprévu, accrut encore l'impression ; le quatrième acte, qui ne devait pas même être représenté, se termina au milieu d'une sorte d'ivresse générale.

Dumas père n'assistait pas au triomphe de son fils; il était à Bruxelles; mais depuis la lecture de l'avenue Frochot, il était convaincu, et il fut plus heureux qu'étonné en recevant le télégramme annonçant la victoire.

La pièce fut donnée cent fois de suite : c'est une des premières centenaires du théâtre; elle fit plus de 300,000 fr. de recettes ; le Vaudeville n'avait pas été depuis longtemps à pareille fête.

Quelques jours après, Dumas fils signait le traité avec M. Montigny, assurant au Gymnase les belles soirées du *Demi-Monde*, de *Diane de Lys*, de la *Visite de Noces*, de *la Princesse Georges* et... de la reprise de *la Dame aux Camélias* par Mlle Pierson.

Cette reprise est la cinquième.

En effet, après avoir eu, au Vaudeville, trois séries de représentations formant un total d'à peu près trois cent cinquante représentations, le drame de *la Dame aux Camélias* passa au Gymnase en 1860, je crois, où Mme Rose Chéri reprit le rôle de *Marguerite*, puis aux Folies Dramatiques, en 1865, avec Mlle Duverger et Laferrière ; il eut là soixante-dix ou soixante-quinze représentations.

Puis il revint au Vaudeville avec Mme Doche, et la dernière représentation eut lieu la veille du jour où l'on commença la démolition de la salle de la place de la Bourse. Au milieu des décombres on voyait encore sur deux colonnes les affiches de *la Dame aux Camélias*.

Enfin, le 23 novembre de cette année, au Gymnase, *Marguerite* à reparu sous les traits de Mlle Pierson.

La pièce a reçu cette fois le même accueil qu'en 1852, en 1860, en 1865, en 1868.

Elle n'a pas vieilli, parce qu'elle est l'histoire éternellement jeune de l'amour ardent et sincère. Les *mots* eux-mêmes, qui ont si fort à souffrir du temps, ne sont point *oxydés* et sont aussi éclatants que les premiers jours.

Voilà donc, en attendant *la Femme de Claude*, une nouvelle série de représentations, une nouvelle source de profits pour Dumas... et de regrets pour *certaine personne*, qui, le 1er février 1852, perdit une bien belle occasion de gagner une cinquantaine de mille francs moyennant 5,000 fr. A vingt-cinq ans, on vend toujours son droit d'aînesse pour une assiette de lentilles. L'auteur de *la Dame aux Camélias* proposa de céder sa part de droits d'auteur — Béraud touchait la moitié !! — pour une somme de 5,000 fr. à lui payée immédiatement. L'acheteur offrit *trois mille* francs, Dumas tint bon pour *cinq mille*, l'affaire ne se conclut pas, heureusement pour lui.

Il ne fut pas si sage quand il traita de l'édition du drame avec MM. Giraud et Dagneau. Le manuscrit fut livré à ces éditeurs en échange de cinq pauvres billets de cent francs. La galanterie *honnête* du mobile qui poussa Dumas à signer ce mauvais traité nous permet d'en révéler la cause. Il fallait à l'auteur quelques louis afin de louer, pour sa propre pièce, une loge qu'il tenait à offrir à une dame du monde envers laquelle il avait contracté une dette de reconnaissance dans son fameux voyage en Russie à la suite de *la Dame aux Perles*. Dumas considérait comme un devoir, plus impérieux que le soin de ses intérêts, d'inviter à la soirée du Vaudeville cette respectable protectrice qui, par ses avis prudents, l'avait fait échapper, en pays étranger, au danger dont il était menacé par un mari légitimement vindicatif.

Depuis, Dumas fils a racheté les droits de publication aux éditeurs et de représentation aux héritiers Béraud, et il a gagné une fortune noblement acquise par un travail de vingt années. Quelle belle chose que le talent ! Mais combien il faut lutter, souffrir et attendre dans cette carrière des lettres, même quand on a pour soi les meilleurs éléments de réussite, comme celui qui a eu l'heureuse chance d'avoir un nom déjà célèbre, et les dons merveilleux qui font l'écrivain dramatique!

FIN

TABLE

Clichy — Impr. Paul Dupont et Cie, rue du Bac-d'Asnières, 12.

OUVRAGES

D'ALEXANDRE DUMAS FILS

Format grand in-18

LA DAME AUX CAMÉLIAS, 1 volume	1 fr. 25 c.
LE ROMAN D'UNE FEMME, 1 volume.	1 fr. 25 c.
DIANE DE LYS, 1 volume.	1 fr. 25 c.
TROIS HOMMES FORTS, 1 volume.	1 fr. 25 c.
LA DAME AUX PERLES. 1 volume.	1 fr. 25 c.
ANTONINE, 1 volume	1 fr. 25 c.
LA VIE A VINGT ANS, 1 volume	1 fr. 25 c.
AVENTURES DE QUATRE FEMMES, 1 volume. .	1 fr. 25 c.
LA BOITE D'ARGENT, 1 volu	1 fr. 25 c.
LE DOCTEUR SERVANS, 1 volume.	1 fr. 25 c.
LE RÉGENT MUSTEL, 1 volume	1 fr. 25 c.
TRISTAN LE ROUX, 1 volume	1 fr. 25 c.
SOPHIE PRINTEMS, 1 volume.	1 fr. 25 c.
AFFAIRE CLÉMENCEAU. — Mémoire de l'Accusé (12e *édition*), 1 volume	3 fr. 50 c.
THÉATRE COMPLET avec Préfaces inédites (2e *édit.*) 4 volumes.	12 fr. —
L'HOMME-FEMME, (40e *édition*).	2 fr. —
UNE LETTRE SUR LES CHOSES DU JOUR, (3e *édit.*).	1 fr. —
UNE NOUVELLE LETTRE SUR LES CHOSES DU JOUR.	1 fr. —
NOUVELLE LETTRE DE JUNIUS A SON AMI A.-D, révélations sur les principaux personnages de la guerre actuelle, (4e *édition*).	2 fr. —
HISTOIRE DU DÉBUT D'ALEXANDRE DUMAS FILS AU THÉATRE, ou les tribulations de *la Dame aux Camélias*	— 50 c.

CLICHY. — Imprimerie PAUL DUPONT et Cie, rue du Bac-d'Asnières, 12.

www.ingramcontent.com/pod-product-compliance
Ingram Content Group UK Ltd.
Pitfield, Milton Keynes, MK11 3LW, UK
UKHW021210230726
13926UKWH00001B/434

9 782019 150150